A Chloé

Dans la même collection

Le plaisir des mots
Le livre de tous les pays
1 Le livre des fleurs
2 Le livre de la tour Eiffel
3 Le livre de la peinture et des peintres
4 Le livre des découvertes et des inventions
5 Le livre de l'hiver
6 Le livre de l'automne
7 Le livre du printemps
9 Le livre des marins
10 Le livre de mon chat
11 Le livre de la montagne
12 Le livre du ciel
13 Le livre de tous mes amis
14 Le livre de tous les jours
15 Le livre du cheval
16 Le livre des chansons
18 Le livre des premiers hommes
21 Le livre des arbres
22 Le livre des oiseaux
23 Le livre des bords de mer

ISBN: 2-07-039508-1
© Éditions Gallimard, 1983
1er dépôt légal: Septembre 1983
Dépôt légal: Decembre 1985
Numéro d'édition: 36717
Imprimé par la Editoriale Libraria en Italie

LE LIVRE DE L'ETE

COLLECTION DECOUVERTE CADET

Laurence Ottenheimer
Illustration de
Jean Claverie

GALLIMARD

L'été, c'est la saison du feu
C'est l'air tiède et la fraîche aurore.

V. Hugo

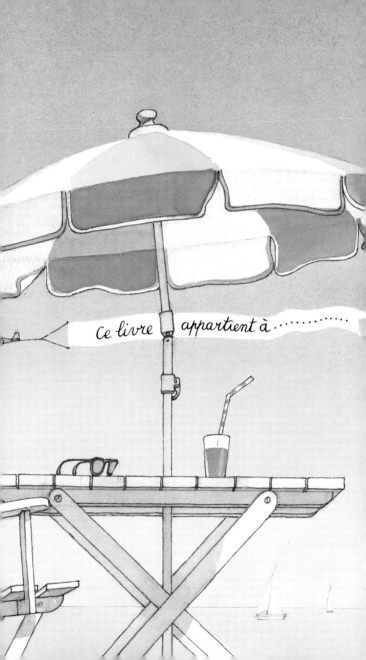

Ce livre appartient à ·············

Chanson de la Saint-Jean d'été

Voici la Saint-Jean d'été
Où le ciel est sans écaille.
Voici la Saint-Jean d'été
Qui met son feu sur les prés.

Porte le vin frais tiré
Au moissonneur qui bataille.
Porte le vin frais tiré
Au moissonneur fatigué.

Le soleil a nettoyé
Sa couronne et sa médaille.
Le soleil a nettoyé
Sa lance et son bouclier.

Tout l'azur est déployé
Comme un grand filet sans mailles.
Tout l'azur est déployé
Sur les pâtis calcinés.

La chanterelle a chanté,
L'orvet dort sous la muraille,
La chanterelle a chanté,
La sauterelle a sauté.

A la nuit vont crépiter
Les hauts bûchers de broussailles,
A la nuit vont crépiter
Les feux de Saint-Jean d'été.

Georges Riguet

Juin

L'été commence le 21 juin, au solstice d'été, et se termine le 22 septembre, à l'équinoxe d'automne.

Dans l'hémisphère sud, c'est le début de l'hiver.

21 Premier jour de l'été

C'est le jour du solstice d'été, le plus long de l'année. L'aube est très matinale, le soir interminable. Depuis l'équinoxe de printemps (21 mars) avec ses douze heures de jour et ses douze heures de nuit, la terre a poursuivi sa course autour du soleil. Jour après jour, le soleil est monté un peu plus haut dans le ciel, jusqu'au 21 juin où il est au plus haut.

22

23

24 La Saint-Jean

Autrefois la Saint-Jean était jour de fête dans les campagnes. On allumait des feux de joie en l'honneur du soleil et on cueillait les herbes de la Saint-Jean (fougère, lierre, sureau) réputées pour leurs vertus médicinales. Pour être efficaces, elles devaient être cueillies au petit matin, lorsque la rosée n'était pas encore évaporée.

Juin pour dire à la mer :
« emporte-nous très loin. »

Alain Bosquet

Été orageux,
hiver pluvieux.
Beau mois de juin
change herbe rare
en bon foin.

25

26

27

28

29

30

Juillet

Au début du mois, le soleil se lève vers 4 h 35 et se couche vers 21 h. Les jours raccourcissent de 1 minute chaque matin et de 1 minute chaque soir.

1

2

3 *A la Saint-Anatole,*
Confitures dans la casserole.

4

5

6

7

8 *A la Sainte-Virginie,*
La récolte des fraises est finie.

9

10 *A la Sainte-Félicité,*
C'est le plein cœur de l'été.

11

Juillet pour dire au soleil :
« c'est ta saison. »
Alain Bosquet

12

13

14 **Fête nationale**

C'est l'anniversaire de la prise de la Bastille le 14 juillet 1789.

Chaque pays célèbre, la plupart du temps en été, sa fête nationale. En France, le gouvernement décida en 1880 qu'elle serait fêtée le 14 juillet.

Voici les dates de la fête nationale de quelques autres pays :

Belgique : 21 juillet.
Espagne : 24 juin.
Hollande : 30 avril.
Irlande : 3 août.
Luxembourg : 23 juin.
Suisse : 1er août.
États-Unis : 4 juillet.
Allemagne fédérale : 17 juin.
Italie : 2 juin.
Grande-Bretagne : 10 juin.
Autriche : 26 octobre.
Portugal : 10 juin.
Suède : 6 juin.
Norvège : 17 mai.
Canada : 1er juillet.

> *Traître juillet,*
> *Brûlant mouillé.*
> Bernard Lorraine

15	
16	
17	
18	
19	
20	

21	
22	*A la Sainte-Madeleine,* *L'amande est pleine.*
23	
24	
25	

Et juillet !
Adieu cahiers,
Bonjour le monde.

Robert-Lucien
Geeraert

26

27

28

29

30

31

On est tous aux cent coups !
Le soleil a roussi
Et le blanc de nos cous
Et le vert des prairies.

Il a bu, le goulu,
Toute l'eau des ruisseaux
Et pourri tous les fruits
Et pelé nos peaux nues.

Il est fou, le soleil,
Il est fou à lier !

Qu'on le lie à la terre
Et qu'il reste chez nous
Pour réchauffer l'hiver !

Robert-Lucien Geeraert

Août

Au début du mois, le soleil se lève vers 5 h 10 et se couche vers 20 h 30. Les jours raccourcissent de 2 minutes chaque matin et de 2 minutes chaque soir.

1

2

3

4

5

6

7

8

9

10 *A la Saint-Laurent qui trouve une pomme, une poire la prend.*

11

Août pour dire :
« L'homme est heureux d'être homme. »
Alain Bosquet

12

13

14

15 **Assomption**

Le 15 août, les chrétiens fêtent la montée miraculeuse de la Sainte Vierge au ciel.

Autrefois, les villageois en procession venaient fixer sur la main droite de la statue de la Vierge une belle grappe de raisins noirs. Ils faisaient de grands bouquets de fleurs, de légumes et d'épis pour préparer le début de l'époque des vendanges. Il fallait fêter cet événement car les vendanges étaient les derniers travaux de l'année qui réunissaient les équipes d'agriculteurs dans la campagne.

Et août ! Où ?
Les rats de ville
Sont tous aux
champs.

Robert-Lucien
Geeraert

16

17

18

Août murit les fruits,
Septembre les cueille.

19

20

21

22

23

24 *Pluie de Saint-Barthélémy,*
Chacun s'en fait fi.

25

26

27

28 *Fine pluie de Saint-Augustin,*
c'est comme s'il pleuvait du vin.

29

30

31

Septembre

*Et septembre
Vergers brouillés,
Vignobles lourds.*

Au début du mois, le soleil se lève vers 5 h 55 et se couche vers 19 h 30. Les jours raccourcissent de 1 minute 1/2 chaque matin et de 2 minutes chaque soir.

1

2

3

4

5

6

7

8

9

10

11

Septembre pour dire au blé :
« change-toi en or. »
Alain Bosquet

12

13

14

15

16

17

Odeur des pluies de mon
enfance
Derniers soleils de la saison !
A sept ans comme il faisait bon
Après d'ennuyeuses vacances,
Se retrouver dans sa maison !
René Guy Gadou

18

19

20

21   **Automne**

Les constellations dans le ciel d'été

En regardant vers le nord

1. Grande Ourse 2. Petite Ourse 3. Cassiopée 4. Andromède
5. Capella 6. Lyre 7. Véga 8. Couronne 9. Balance
10. Scorpion 11. Sagittaire 12. Capricorne 13. Dauphin

En regardant vers le sud

La voie lactée

Cette longue bande claire qui traverse le ciel, c'est la Voie lactée, une multitude d'astres qui fourmillent dans la nuit : il y en a environ 200 milliards ! Le Soleil et la Terre en font partie. De la Terre, ces astres nous paraissent tout petits car ils sont très éloignés de nous, à des milliards de kilomètres de notre planète.

Soir

Les étoiles dorment.
Le soir a cueilli
Pour tous les étages
Un bouquet de lampes.

Au ras du trottoir
Un petit enfant
Écarte les doigts
Vers tant de lumière.

La ville s'éteint.
La main se referme.
A tous les étages
Grimpe le sommeil.

Les étoiles veillent...

Louis Guillaume

Les étoiles filantes

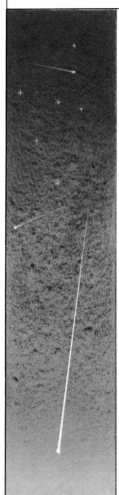

Quelquefois, le ciel est traversé de points brillants, vite éteints. Ce sont des étoiles filantes, parfois des comètes. Les étoiles filantes sont des morceaux de planètes qui ont explosé. Quand elles traversent l'atmosphère qui entoure la terre, leur trajectoire dessine un trait lumineux. Elles ne tombent pas sur le sol mais continuent leur route dans l'espace, ou bien sont volatilisées et disparaissent.

Elles sont très nombreuses en été car, en cette période de l'année, la Terre traverse une zone où elles sont abondantes.

Les comètes

Les comètes sont de petits astres qui errent autour du soleil, suivis d'une longue traînée lumineuse, appelée « queue ». Elles apparaissent rarement.

Les météores

Les météores sont de véritables bolides qui explosent parfois dans l'atmosphère. Il arrive alors qu'un fragment tombe à terre. C'est une météorite. La plupart sont toutes petites comme des grains de poussière, mais d'autres peuvent peser plusieurs tonnes.

La chute des étoiles

Tombez, ô perles dénouées,
Pâles étoiles, dans la mer.
Un brouillard de roses nuées
Émerge de l'horizon clair ;
A l'Orient plein d'étincelles
Le vent joyeux bat de ses ailes
L'onde que brode un vif éclair.
Tombez, ô perles immortelles,
Pâles étoiles, dans la mer.

Leconte de Lisle

Le soleil

Le soleil éclaire et chasse l'obscurité. Il dessine des ombres. Il fait brunir la peau des hommes. Il fait grandir les plantes qui sont attirées vers la lumière. Il fait passer les couleurs des rideaux, des papiers peints dans les maisons.

Le soleil chauffe. Il sèche le linge, chasse l'humidité, évapore l'eau. Il fait fondre la glace. Quand il est trop fort, il brûle et dessèche. On ne peut le regarder longtemps en face sans que les larmes vous montent aux yeux.

Sous un figuier
d'Avignon
L'ombre verte
était sucrée
Par les larmes
d'une figue.

Georges Duhamel

Hymne au soleil

Toi qui sèches les pleurs des moindres graminées,
Qui fais d'une fleur morte un vivant papillon
Lorsqu'on voit, s'effeuillant comme des destinées,
Trembler au vent des Pyrénées
Les amandiers du Roussillon.

Je t'adore, Soleil ! Ô toi dont la lumière,
Pour bénir chaque front et mûrir chaque miel,
Entrant dans chaque fleur et dans chaque chaumière,
Se divise et demeure entière
Ainsi que l'amour maternel !

Gloire à toi dans les prés ! Gloire à toi dans les vignes !
Sois béni parmi l'herbe et contre les portails !
Ô toi qui fais les grandes lignes,
Et qui fais les petits détails !

Je t'adore, Soleil ! Tu mets dans l'air des roses,
Des flammes dans la source, un dieu dans le buisson !
Tu prends un arbre obscur et tu l'apothéoses !
Ô Soleil ! Toi sans qui les choses
Ne seraient que ce qu'elles sont !

Edmond Rostand

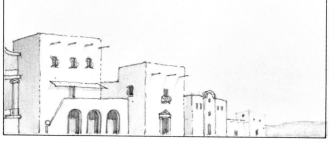

25

Pourquoi fait-il chaud en été ?

*Soleil, je t'adore
    comme les
    sauvages
A plat ventre sur le
    nuage.
Que j'ai chaud !
    c'est qu'il est
    midi.
Je ne sais plus bien
    ce que je dis.
Tu es un clairon,
    un toréador,*

En été, à midi, le soleil est très haut dans le ciel. En hiver, à la même heure et au même endroit, il monte beaucoup moins haut.

C'est parce que l'axe imaginaire, qui va du pôle Nord au pôle Sud et autour duquel tourne la Terre, est incliné. Si bien que la Terre, en tournant en même temps autour du Soleil, n'est pas toujours inclinée de la même façon par rapport au Soleil.

En été, les rayons du soleil arrivent tout droit à la verticale. Ils ont une moins grande distance à parcourir pour arriver jusqu'à nous et ils perdent moins de chaleur au passage ; ils sont donc plus denses et plus chauds.

L'hiver, les rayons arrivent à l'oblique, ils ont un plus grand trajet à traverser dans l'atmosphère et nous parviennent plus froids.

L'ombre

Par les jours ensoleillés, chaque obstacle qui arrête les rayons du soleil crée une zone d'ombre, dessinant sa silhouette sur le sol.

L'ombre tourne, s'allonge ou diminue lentement au fil des heures. Le matin, elle est courte et, quand elle s'attache à nos pas, elle ressemble à un nain. A midi, le soleil est tout en haut de sa course dans le ciel : il n'y a pas d'ombre ou à peine. Puis, au fur et à mesure que le soleil descend vers l'ouest, l'ombre s'étire en longueur et la nôtre ressemble à un géant.

L'ombre donne de la fraîcheur, la température y est toujours moins élevée qu'en plein soleil.

*Tu as des chaînes
de montre en or.
Soleil, je supporte
tes coups,
Tes gros coups
de poing sur
mon cou.
C'est encore toi
que je préfère,
Soleil, délicieux
enfer.*

Jean Cocteau

Il y avait
de beaux dessins...

*Il y avait de beaux dessins cet après-midi
  sur le plancher
Mais quand le soleil est parti,
Il a tout emporté.
Pourquoi le soleil ne nous laisse-t-il pas
  ses beaux dessins
Quand il s'en va ?*

Pierre Albert-Birot

Pour faire
un cadran solaire

Dans un pot de fleurs vide, plantez un bâton à la verticale dans le trou du fond. Posez-le sur le rebord d'une fenêtre bien exposée au soleil ; l'ombre du bâton se déplacera petit à petit en suivant le mouvement du soleil dans le ciel.

Regardez votre montre et, toutes les heures, marquez d'un trait sur le rebord du pot la progression de l'ombre, puis écrivez l'heure à côté.

A condition de ne pas déplacer le cadran solaire, on peut lire l'heure chaque jour où le soleil brille.

Attention ! En France, l'été, il faut ajouter deux heures à l'heure indiquée par le cadran solaire pour avoir l'heure légale.

C'est ainsi, chaque jour,
que tourne d'heure en heure
L'ombre que font au sol
Les arbres du verger.

Vincent Muselli

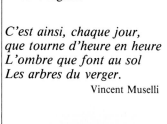

L'orage

Dans la plaine
Un éclair
Se promène
Vaste et clair
...
Bruit d'enfer.

Victor Hugo

Lorsque la journée a été très chaude, l'air s'est réchauffé fortement ; il devient léger et monte vite et haut.

Dans l'atmosphère, il rencontre des zones froides, la vapeur d'eau contenue dans l'air se refroidit alors et se transforme en gouttelettes. De gros nuages se forment et noircissent l'horizon.

Le vent se lève, il souffle par rafales : l'air froid et l'air chaud se bousculent et bataillent dans le ciel. Tous ces mouvements chargent les nuages d'énormes quantités d'électricité. Entre deux nuages ou entre un nuage et le sol, de gigantesques étincelles jaillissent en zigzag : ce sont des éclairs.

La force de l'éclair est terrifiante. Ce n'est pas grave s'il reste dans le ciel mais, s'il atteint la terre, c'est la foudre qui frappe. Elle peut tomber sur un rocher pointu, un arbre ou même sur l'eau. Le paratonnerre,

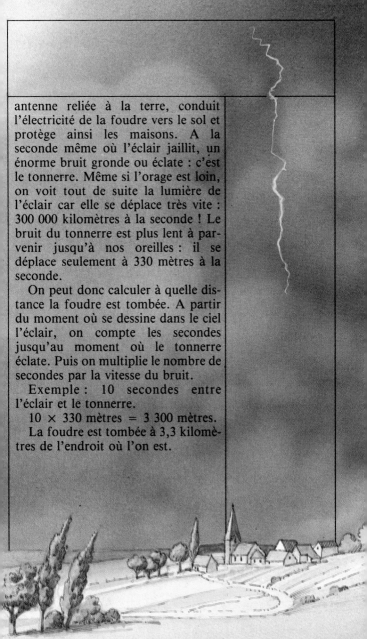

antenne reliée à la terre, conduit l'électricité de la foudre vers le sol et protège ainsi les maisons. A la seconde même où l'éclair jaillit, un énorme bruit gronde ou éclate : c'est le tonnerre. Même si l'orage est loin, on voit tout de suite la lumière de l'éclair car elle se déplace très vite : 300 000 kilomètres à la seconde ! Le bruit du tonnerre est plus lent à parvenir jusqu'à nos oreilles : il se déplace seulement à 330 mètres à la seconde.

On peut donc calculer à quelle distance la foudre est tombée. A partir du moment où se dessine dans le ciel l'éclair, on compte les secondes jusqu'au moment où le tonnerre éclate. Puis on multiplie le nombre de secondes par la vitesse du bruit.

Exemple : 10 secondes entre l'éclair et le tonnerre.

10 × 330 mètres = 3 300 mètres.

La foudre est tombée à 3,3 kilomètres de l'endroit où l'on est.

Le baromètre des animaux

*La pluie du matin
Passe son chemin.*

La pluie n'est pas loin :
— les abeilles restent dans la ruche ;
— les poules se grattent, se roulent dans la poussière, appellent leurs petits ou se mettent à l'abri ;
— les ânes secouent leurs oreilles et braient sans arrêt ;
— les vaches se lèchent ;
— les chevaux battent du pied et tendent le cou pour aspirer l'air avec bruit ;
— les moustiques, les puces, les taons piquent fort ;

> *Il n'y avait plus un être vivant dans le paysage,*
> *ni un homme sur la route, ni un oiseau dans le ciel ;*
> *il tonnait affreusement, et de larges éclairs*
> *s'abattaient par moments sur la campagne.*
> Victor Hugo

— les papillons volent près des fenêtres ;

— les libellules effleurent la surface de l'eau ;

— les vers de terre et les escargots sont nombreux ;

— les grenouilles et les crapauds croassent le jour ;

— les poissons sautent hors de l'eau et mordent plus que d'habitude ;

— les hirondelles volent bas ;

— les mouettes battent des ailes au-dessus des maisons ;

— les corneilles volent par groupes ;

— les taupes fouillent la terre et rehaussent leurs monticules.

Petite pluie
abat grand vent.

Les plantes et le soleil

*Le soleil
là-haut
très haut
comme un vautour
immense
et j'avais peur*

Alain Borne

Les plantes se flétrissent, se dessèchent et se fanent sous la double action du soleil et de la sécheresse.

Certaines possèdent un système de défense pour lutter contre le soleil trop brûlant : les plantes à petites feuilles — bruyère (4), genêt (3) ou ajonc (2) — sont moins exposées aux méfaits du soleil que les plantes à grandes feuilles. Par ailleurs, les feuilles vernies de l'olivier (7) ou du laurier (6) empêchent l'eau de la plante de s'évaporer au soleil.

D'autres plantes peuvent supporter la sécheresse car elles sont pourvues de tiges renflées, véritables réservoirs d'eau, comme les cactées qui vivent des mois, voire des années, sans la moindre goutte d'eau. Il en est ainsi du figuier de Barbarie (1).

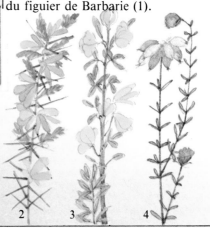

1

2   3   4

Les plantes à épis, comme la fétuque de mouton, sont munies de longues racines très nombreuses qui leur permettent de puiser le plus d'eau possible dans le sol.

De nombreuses espèces roulent leurs feuilles pour conserver l'humidité à l'intérieur, comme le chiendent, le pâturin des prés qui, lui, n'ouvre ses fleurs que la nuit.

Toutefois, la plupart des plantes grandissent dans la direction de la lumière, et de nombreuses fleurs, comme le tournesol (5), suivent le mouvement du soleil dans la journée.

*Et le soleil
là-haut
arrêté
hésitait
à tuer
à tomber
hésitait.*

Alain Borne

5

6

7

Les arbres verts

9

1. Noyer
2. Noisetier
3. Peuplier
4. Platane

3

2

8

1

3

4

5

2

*Chaque arbre
   d'ombre et de reflets
Est un miroir
   pour les oiseaux…*

Paul Éluard

5. Hêtre
6. Chêne
7. Frêne
8. Bouleau
9. Marronnier

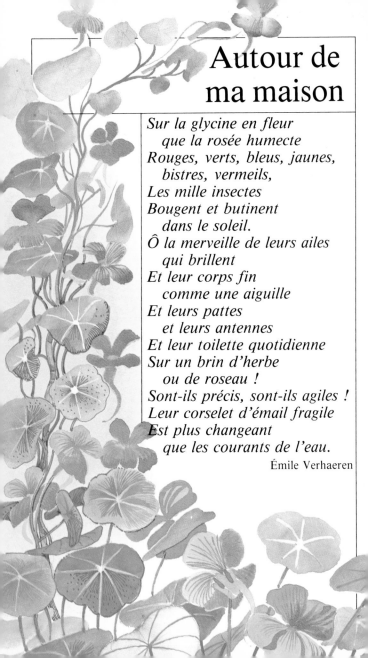

Autour de
ma maison

Sur la glycine en fleur
   que la rosée humecte
Rouges, verts, bleus, jaunes,
   bistres, vermeils,
Les mille insectes
Bougent et butinent
   dans le soleil.
Ô la merveille de leurs ailes
   qui brillent
Et leur corps fin
   comme une aiguille
Et leurs pattes
   et leurs antennes
Et leur toilette quotidienne
Sur un brin d'herbe
   ou de roseau !
Sont-ils précis, sont-ils agiles !
Leur corselet d'émail fragile
Est plus changeant
   que les courants de l'eau.

Émile Verhaeren

Les insectes

La guêpe(1)

Insecte social, elle vit en compagnie d'autres guêpes et construit tous les ans un nid, le guêpier, où elle élève les larves. A l'extrémité de leur abdomen strié de noir et de jaune, les ouvrières sont munies d'un aiguillon, relié à une glande à venin, le dard. Sa piqûre est douloureuse.

L'abeille(2)

Elle ne peut pas vivre seule. Elle s'associe à des milliers d'autres abeilles pour former un essaim que l'homme capture et introduit dans une ruche. L'essaim comprend une seule famille fertile, la Reine, qui peut pondre jusqu'à 2 000 œufs par jour. Les ouvrières, femelles stériles, sont chargées de construire, de nettoyer et de défendre la ruche, de soigner et de nourrir les larves. Elles butinent, au printemps, sur les fleurs dont elles recueillent le pollen et le nectar qu'elles transforment en miel.

Le bourdon(3)

Pourvu d'un corps velu et d'un abdomen à plusieurs couleurs, il ressemble à l'abeille et butine sur les fleurs.

Le frelon(4)

C'est une grosse guêpe dont la piqûre est fort douloureuse.

> *Dans les verts écrins de la mousse*
> *Luit le scarabée, or vivant.*

V. Hugo

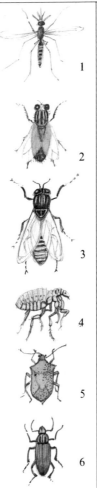

Le moustique (1). Il vole surtout le soir, le matin et par temps couvert, plutôt près des endroits où il y a de l'eau. Seule la femelle pique : le sang qu'elle aspire sert au développement de ses œufs.

La mouche (2). Les yeux du mâle se touchent tandis que ceux de la femelle sont écartés. Elle pond à elle seule 200 œufs d'où sortent bientôt de petits asticots.

Le taon (3). Il devient très actif quand le temps est orageux. Le mâle ne pique pas, mais les piqûres de la femelle laissent de grosses enflures sur la peau.

La puce (4). On la trouve sur les chiens, les chats, les cochons et aussi sur les hommes. Elle est très agile et saute. C'est difficile de l'attraper !

La punaise (5). Elle vit en colonies au pied des arbres.

Le charançon (6). Il habite les bois de conifères et ronge les nouvelles pousses de pins. C'est un insecte nuisible.

5

Le scarabée doré (1). Le jour, il se cache dans le sol et la nuit, il court à la recherche d'autres insectes, de vers et d'escargots dans les champs et les prairies.

Le perce-oreille (2). Le jour, il se cache dans les fentes et les coins obscurs des maisons. Il est inoffensif. Comme il aime les cachettes sombres, une légende raconte qu'il entre dans les oreilles des gens !

La cétoine dorée (3). Elle vole au-dessus des fleurs ou des arbustes fleuris et se nourrit surtout de pétales.

Le cerf-volant (4). Il vit sur les vieux chênes. C'est le plus gros des insectes européens mais il devient rare.

La mante religieuse (5). Les femelles sont plus grosses que les mâles. Elles aiment les endroits ensoleillés. Elles dévorent les autres insectes avec leurs puissantes mâchoires.

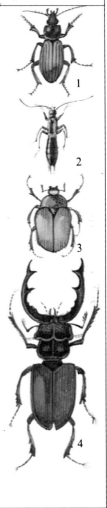

Les fourmis

Les fourmis ont construit une véritable ville en miniature. Ce petit tas arrondi fait de brindilles, d'aiguilles de pin et de feuilles mortes les protègent de la pluie. A l'intérieur, elles vont et viennent le long de petites rues en pente douce entre trente ou quarante étages. A l'extérieur, des chemins sont tracés dans toutes les directions. En longues files, les exploratrices envahissent le jardin. Celles qui ont trouvé une grosse proie demandent de l'aide à une voisine en lui faisant signe avec ses antennes.

A deux, elles traînent un scarabée mort, contournent tous les obstacles. Si la proie est vraiment trop lourde, la fourmi retourne à la fourmilière en laissant sur son passage une trace odorante. Les renforts trouveront vite le chemin grâce à cette piste parfumée. Infatigables, elles rapportent de quoi nourrir les fourmis-maçonnes qui construisent et nettoient la fourmilière, les mères qui pondent de minuscules œufs, et les nourrices qui s'occupent des larves. Chaque matin, les œufs sont transportés dans les chambres du haut, bien au chaud et, le soir, ils sont déposés en bas pour éviter l'humidité.

Normalement on n'a jamais vu deux fourmis d'une même république sa battre entre elles, se quereller, oublier leur patience, leur aménité.

Maurice Maeterlinck

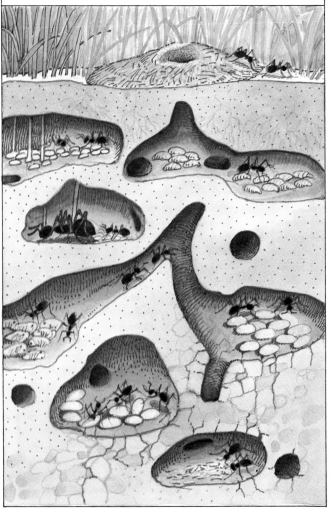

Une fourmi de dix-huit mètres
Avec un chapeau sur la tête,
Ça n'existe pas, ça n'existe pas.
Robert Desnos

Les vers luisants

Dans les prés mille regards soulevaient les paupières de l'herbe.

Luc Decaunes

La nuit vient juste de tomber. Au ras du sol, l'air est encore chaud et humide. Quelques insectes commencent à s'activer. Tout le jour, ils se sont abrités du soleil qui les dessèche. Et, comme ils n'ont pas besoin de lumière, ils profitent de l'humidité de la nuit.

Dans la prairie, un petit point lumineux s'allume et s'éteint toutes les six secondes. Dans l'herbe, un autre point lumineux immobile lui répond. C'est la femelle du ver luisant. Elle ressemble à une larve et ne peut pas voler comme son compagnon. Mais sa lumière est plus forte pour attirer le mâle. Elle grimpe le long d'un brin d'herbe et redresse la face intérieure de son abdomen où se trouve son organe lumineux.

Le ver luisant : « Que se passe-t-il ?
Neuf heures du soir et il y a encore de la lumière chez lui !
Cette goutte de lune dans l'herbe. »

Jules Renard

En volant, les vers luisants exécutent une danse en zigzag.

Les adultes ne mangent presque rien mais les larves ont un appétit énorme. Elles s'attaquent même aux escargots. Comme elles ne peuvent dévorer d'aussi gros morceaux, elles leur lancent une sorte de venin qui les endort et rend leur chair liquide. Après, elles n'ont plus qu'à les avaler en s'introduisant dans leur coquille.

Ver luisant, tu luis à minuit,
Tu t'allumes sous les étoiles
Et, quand tout dort tu t'introduis
Dans la lune et ronge sa moelle.

La lune, nid des vers luisants,
Dans le ciel continue sa route.
Elle sème sur les enfants,
Sur tous les beaux enfants dormant,
Rêve sur rêve, goutte à goutte.

Robert Desnos

Les insectes musiciens

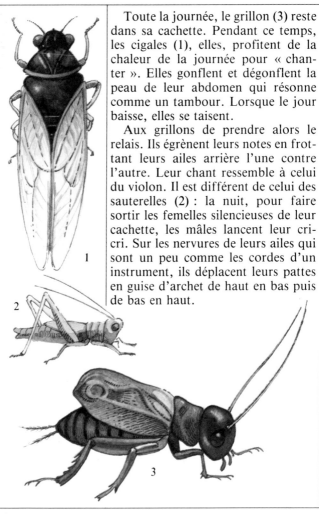

Toute la journée, le grillon (3) reste dans sa cachette. Pendant ce temps, les cigales (1), elles, profitent de la chaleur de la journée pour « chanter ». Elles gonflent et dégonflent la peau de leur abdomen qui résonne comme un tambour. Lorsque le jour baisse, elles se taisent.

Aux grillons de prendre alors le relais. Ils égrènent leurs notes en frottant leurs ailes arrière l'une contre l'autre. Leur chant ressemble à celui du violon. Il est différent de celui des sauterelles (2) : la nuit, pour faire sortir les femelles silencieuses de leur cachette, les mâles lancent leur cri-cri. Sur les nervures de leurs ailes qui sont un peu comme les cordes d'un instrument, ils déplacent leurs pattes en guise d'archet de haut en bas puis de bas en haut.

Le lézard

Un petit lézard, aplati sur ses pattes, se chauffe au soleil. Tête dressée, il attend qu'un insecte passe tout près de lui. Alors, il lance sa petite langue gluante et gobe en un éclair une mouche ou une sauterelle. Si quelqu'un s'approche, il disparaît dans son trou. N'essayez pas de l'attraper par la queue : il l'abandonne et elle vous reste dans les mains. Lui sera déjà loin. Mais sa queue repoussera vite.

Aux premiers froids, il hiberne jusqu'au printemps suivant.

Lézard des rochers,
Lézard des
  murailles,
Lézard des
  semailles,
Lézard des clochers.

Tu tires la langue,
Tu clignes des yeux,
Tu remues la
  queue,
Tu roules,
  tu tangues.

Lézard bleu-
  diamant,
Violet reine-claude
Et vert d'émeraude,
Lézard d'agrément !

Robert Desnos

Les libellules

Libellule
Elle
vole
de ses propres
L
Jacques Canut

On les rencontre surtout à proximité des étangs et des rivières. La grande libellule, l'« anax empereur », peut voler à 90 kilomètres à l'heure. En plein vol, elle saisit un insecte et le déchiquette avec ses puissantes mandibules. Pour faire du surplace dans l'air, comme un hélicoptère, elle expose au soleil les petites poches d'air qu'elle a sous le ventre. L'air se chauffe et allège la libellule, comme une montgolfière.

Les guerris ou « araignées d'eau »

Ils glissent rapidement sur l'eau sans jamais se mouiller. L'extrémité de leurs longues pattes est recouverte d'une matière grasse imperméable. Comme ils sont très légers, la surface de l'eau leur sert de tapis sur lequel ils se déplacent par saccades.

Les poissons de rivière

Dans les fonds vaseux des étangs ou dans l'eau claire des rivières, les herbes remuent au passage d'un poisson ou d'un banc.

Herbivores ou carnivores, ils aiment les vers, les asticots, les graines de blé cuites qu'on peut leur lancer pour les voir frétiller et remonter à la surface.

Dans l'eau, leur bouche s'ouvre et se ferme : c'est leur façon de respirer. De chaque côté de la tête, le poisson a deux branchies qui lui permettent de prélever l'oxygène dissous dans l'eau. Chaque branchie est protégée par un opercule. Bouche et opercule travaillent chacun à leur tour : la bouche s'ouvre, les branchies se remplissent d'eau. Puis les opercules s'ouvrent et la bouche se ferme : l'eau peut sortir. Ainsi le poisson s'est approvisionné en oxygène.

Leurs écailles trahissent leur âge : chaque année, celles-ci s'agrandissent. En hiver, la croissance est lente et mauvaise : il apparaît une zone sombre sur les écailles. En été, la croissance est plus rapide : il apparaît une zone plus claire et plus large sur le corps du poisson. En comptant les zones, on obtient l'âge du poisson.

Un petit poisson
dans l'eau
Fait cloup !
Quand il sort de
l'eau
Il ne fait plus
cloup !
Dehors !

Comptine

Les poissons

Le gardon (1). C'est un petit poisson bleu qui vit en bancs dans les méandres des rivières et les remous. Il s'approche rarement de la surface mais il est facile à capturer.

Le vairon (2). Il a des taches rouges sur les flancs et nage dans les eaux peu profondes des rivières.

Le goujon (3). Ce petit poisson aime les eaux claires des rivières, et vit en troupes le long des berges. C'est une proie facile.

La truite (4). Son dos est moucheté de taches sombres ou rayées. Elle est très vive et saute hors de l'eau pour gober les insectes. Elle aime les rivières aux eaux claires.

La tanche (5). Ce poisson de taille moyenne a le dos vert foncé et la

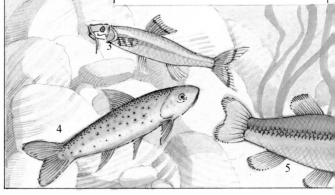

Pêcheur qui dort abasourdi
croit que le lac est plein de nids

Lise Deharme

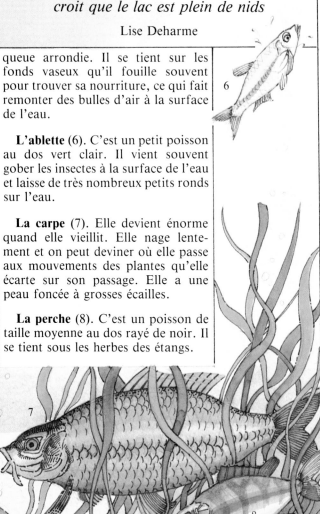

queue arrondie. Il se tient sur les fonds vaseux qu'il fouille souvent pour trouver sa nourriture, ce qui fait remonter des bulles d'air à la surface de l'eau.

L'ablette (6). C'est un petit poisson au dos vert clair. Il vient souvent gober les insectes à la surface de l'eau et laisse de très nombreux petits ronds sur l'eau.

La carpe (7). Elle devient énorme quand elle vieillit. Elle nage lentement et on peut deviner où elle passe aux mouvements des plantes qu'elle écarte sur son passage. Elle a une peau foncée à grosses écailles.

La perche (8). C'est un poisson de taille moyenne au dos rayé de noir. Il se tient sous les herbes des étangs.

La vipère

Un serpent ! Est-ce une inoffensive couleuvre ou une redoutable vipère ? Parmi toutes les espèces, peu sont dangereuses.

Ces grands consommateurs de rats ou d'insectes sont bien souvent utiles.

Les morsures de la couleuvre ne sont pas dangereuses, celles de la vipère le sont. Pour reconnaître ces deux serpents, voici quelques indications.

Museau relevé, tête triangulaire, pupille de l'œil ovale, en fente, lourde queue épaisse, elle mesure moins de 80 centimètres, elle siffle rarement et frappe ; elle fuit l'eau, possède des crochets à venin.

La couleuvre

Museau arrondi, tête ovale, pupille de l'œil arrondie, queue mince et fine, elle mesure plus de 80 centimètres, elle siffle si elle est attaquée, elle aime l'eau ; souvent, elle n'a pas de crochets dans la bouche. Sa langue fourchue lui sert à reconnaître les odeurs. Quand la couleuvre grandit, sa peau devient trop petite, elle l'abandonne et une nouvelle se forme à la place de l'ancienne.

Les pattes des oiseaux

Chaque espèce d'oiseau a des pattes bien particulières, adaptées à son environnement.

La mésange charbonnière (1). Comme celles de nombreux passereaux percheurs, ses pattes sont courtes avec des griffes sur les trois doigts avant et sur le doigt arrière. Ainsi, elle s'agrippe facilement aux branches.

Le picvert (2). Il grimpe aux arbres. Ses pattes ont deux doigts griffus en avant et deux en arrière qu'il écarte ou resserre comme une pince pour s'accrocher à l'écorce.

Le pipit (3). Comme lui, ceux qui ne grimpent pas aux arbres mais vivent au sol dans les prairies ont un grand doigt à l'arrière pour améliorer leur équilibre quand ils sautillent, marchent ou courent.

Le canard (4). Comme beaucoup d'oiseaux aquatiques, il a des pattes palmées qui lui servent de rames pour mieux nager.

La rousserolle effarvatte (5). Elle a de longues pattes qui lui permettent de prendre toutes sortes de positions acrobatiques sur les roseaux où elle a bâti son nid.

Le héron cendré (6). Il est haut perché sur ses longues pattes. Il ne nage pas mais marche dans l'eau peu profonde.

Les empreintes dans le sable

Les traces des oiseaux paraissent toutes semblables pour qui les regarde sans attention. Pourtant, la position ou la forme des doigts, la largeur, la longueur, la palmure, la présence de griffes sont autant de détails qui permettent de deviner quel oiseau est venu sautiller sur le sable ou la terre humide.

Oiseaux percheurs

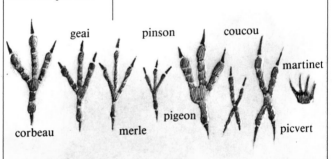

geai

pinson

coucou

martinet

corbeau

merle

pigeon

picvert

Oiseaux terrestres

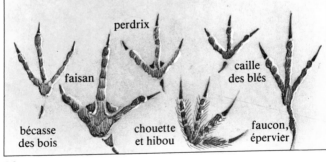

perdrix

faisan

caille des blés

bécasse des bois

chouette et hibou

faucon, épervier

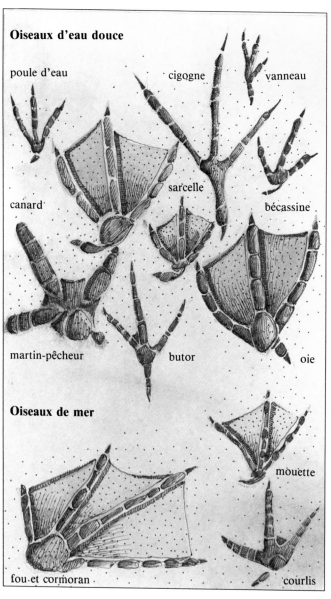

Oiseaux d'eau douce

poule d'eau

cigogne

vanneau

canard

sarcelle

bécassine

martin-pêcheur

butor

oie

Oiseaux de mer

mouette

fou et cormoran

courlis

57

Le bec

On peut deviner ce que mangent les oiseaux à la forme de leur bec. Certains, comme les mouettes, se contentent de tout : ils sont omnivores. D'autres ont une nourriture bien particulière.

Les granivores. Ils aiment surtout les graines. Leur bec est fort, droit et souvent court pour briser les coquilles. C'est le cas du moineau et du pinson.

Les frugivores. Leur bec est plus mince et moins puissant car ils mangent surtout les baies et les fruits mûrs. C'est le cas de la grive ou du loriot.

Les mollivores. Ils ont un bec court et fin car ils se nourrissent d'insectes mous. Parmi eux, il y a le rouge-gorge et l'hirondelle.

Les piscivores. Ils cherchent leurs proies dans l'eau avec leur bec puissant en forme de poignard. Ce sont les martins-pêcheurs ou les sternes.

Sizerin

Grive

Rouge-gorge

Martin-pêcheur

Canard

Ces conquérants d'ailleurs
de leur bec tracent-ils
un essai d'écriture ?

Bernard Lorraine

Les herbivores. Ils se nourrissent de végétaux qu'ils trouvent en plongeant leur bec et, parfois, le cou ou tout le corps dans l'eau. Celui du canard possède des lamelles internes qui lui servent à trier et à retenir les petites plantes qu'il a ramassées.

Les carnivores. Ils ont un bec crochu pour dépecer la viande des souris et autres petits animaux. Ce sont les oiseaux de proie comme l'aigle, la chouette, le faucon.

L'a dérobé
trois pissenlits
s'est cachée
dans les lupins

Pour le larcin
la pie
c'est pis
qu'Arsène
Lupin !

Comptine

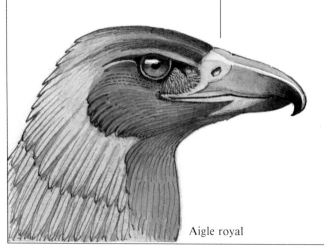

Aigle royal

Plumes, plumage

Quand les plumes sont usées, elles tombent et d'autres repoussent. Mais chaque jour, les oiseaux font leur toilette pour garder un beau plumage. Ils remettent en place les plumes qui sont froissées en les lissant avec leur bec, et ils retirent les poussières qui s'y sont accrochées. Pour les plumes de la tête, ils utilisent leurs pattes car ils ne peuvent pas l'atteindre avec leur bec.

Les canards et les autres oiseaux qui vivent au bord de l'eau se lavent en enfonçant la tête et le cou dans l'eau. D'autres prennent leur bain dans une flaque d'eau en ébouriffant leurs plumes. Pour les rendre plus brillantes et imperméables, ils les lissent avec leur bec qui sécrète une sorte de graisse.

Les toutes petites plumes sont appelées « duvet ». Elles sont très douces. Elles tiennent chaud au corps.

Le duvet est recouvert par les « tectrices ». Ces plumes sont très souples et se chevauchent les unes les autres comme les tuiles d'un toit.

Les « pennes » sont plus robustes et plus longues. Elles sont fixées aux ailes et à la queue. Les pennes des ailes s'appellent les « rémiges porteuses ». Les pennes de la queue avec lesquelles l'oiseau se dirige en vol s'appellent les « rectrices ».

La tige de la plume s'appelle la « hampe ». Elle est creuse. Autrefois celle de l'oie était taillée pour servir de stylo aux écrivains. De chaque côté, la plume est composée de « barbes ». Chaque barbe est munie de crochets ou « barbules » qui s'accrochent aux barbules de la barbe suivante, formant ainsi une plume bien lisse.

Les plumes sont rattachées à des nerfs, des muscles, des os qui les dirigent et les commandent.

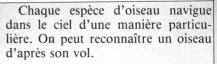

Le vol des oiseaux

Hirondelle :
ciseaux
Coupant
le drap de l'air
En échantillons
bleus.

M. Adolphe Guégan

Chaque espèce d'oiseau navigue dans le ciel d'une manière particulière. On peut reconnaître un oiseau d'après son vol.

Le troglodyte saute de branche en branche.

L'étourneau vole d'un point à un autre, en ligne droite.

La corneille vole en ligne droite avec de grands battements d'ailes.

L'hirondelle vole en zigzags horizontaux.

La bécassine vole d'un point à un autre en crochets brusques.

L'aigle s'élève dans les airs en décrivant des cercles.

L'alouette s'élève en l'air en frissonnant.

La bergeronnette descend vers le sol en zigzags rapides.

Le premier vol
de l'hirondelle

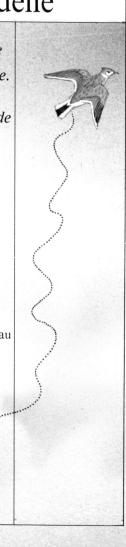

Mes ciseaux à peine aiguisés
Coupent le ciel qui se déplace

Une brasse. Encore une brasse.
Dans l'ouverture de la nasse

— Bon hirondeau chasse de
*   race —*
Un moustique s'est enfourné.

Ce petit nid où je suis né
Comme il s'éloigne dans
*   l'espace !*

A tire-ligne d'hirondelle
C'est un nom nouveau que
*   j'écris*

Et je l'écris à tire-d'aile
Et je l'écris à tire-cri.

Pierre Menanteau

Matin d'été

J'arrache l'herbe
qu'on dit mauvaise
Je ramasse les escargots
que j'envoie par avion
dans l'herbe haute
Je déplace un pied
de Monnaie du Pape
Je coupe les roses fanées
et la branche de giroflée
qui dépasse
J'en sème la graine
que le vent sèmerait mieux que moi
Je pense
que le soleil chauffe
comme il chauffait dans mon
enfance
Je regarde le ciel :
il ne pleuvra pas aujourd'hui
Je tire l'eau du puits
pour arroser ce soir
avec de l'eau tiédie
comme faisait ma tante
ma tante
qui refait ce geste en moi
Et je pense
qu'elle est heureuse
si elle me voit...   Clod' Aria

Les travaux du jardinier

En été, le jardinier est très occupé. Il nettoie les massifs de leurs fleurs fanées. Il taille la vigne vierge et les haies. Chaque matin et chaque soir, il arrose les plantes avant le lever ou après le coucher du soleil. Il prépare la terre pour semer les dernières plantes qui fleuriront en automne. Il bêche pour aérer la terre, et permettre à l'air et à l'eau de mieux y pénétrer, puis il ratisse pour égaliser la surface du sol. Il peut alors semer les graines ou repiquer les plants qui ont commencé à pousser sous la serre ou le châssis. De temps en temps, il sarcle pour arracher les mauvaises herbes et bine pour briser la croûte qui se forme à la surface de la terre.

Le calendrier des légumes

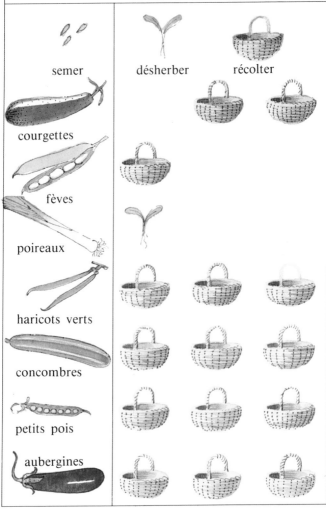

semer

désherber

récolter

courgettes

fèves

poireaux

haricots verts

concombres

petits pois

aubergines

Ce calendrier varie de quelques semaines suivant les régions.

juillet	août	septembre	
			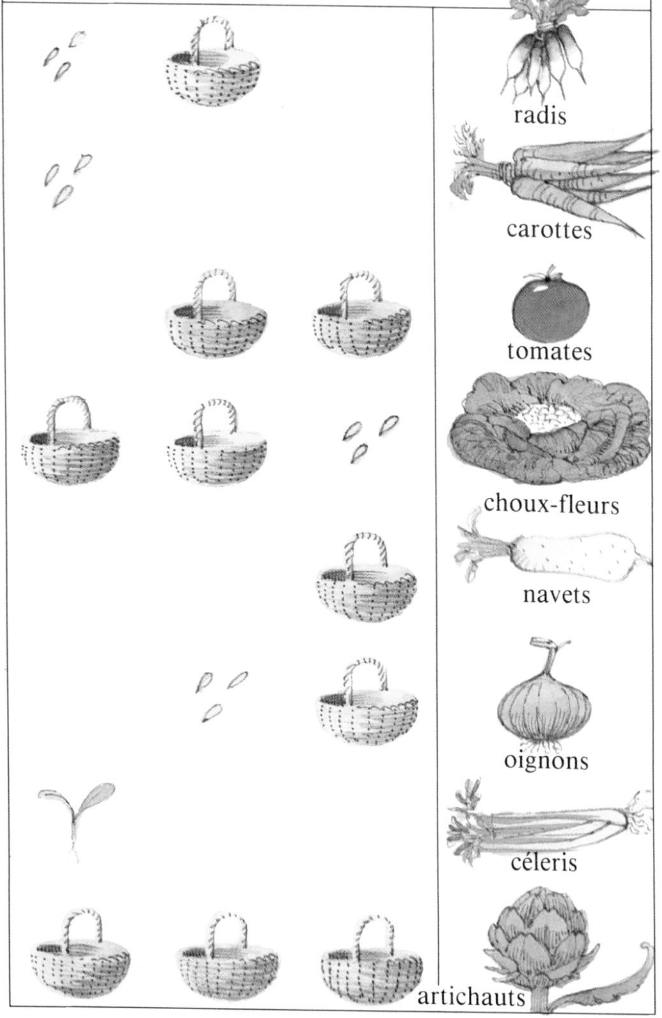 radis
			carottes
			tomates
			choux-fleurs
			navets
			oignons
			céleris
			artichauts

Les herbes aromatiques

Le jardin se chausse de persil.

Georges Schehadé

1. Persil 2. Cerfeuil 3. Menthe
4. Basilic 5. Oseille 6. Estragon
7. Laurier 8. Thym 9. Ciboulette
10. Sauge 11. Fenouil 12. Ail
13. Romarin.

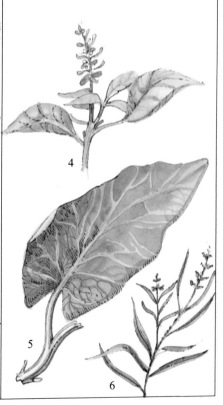

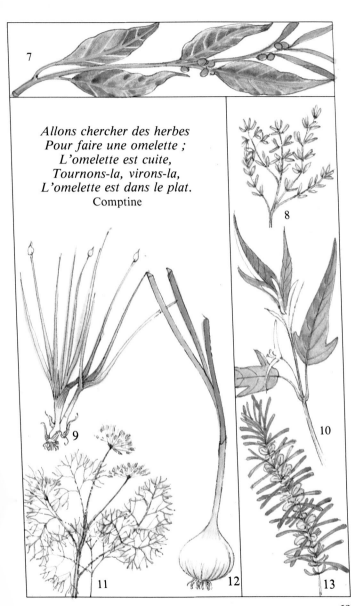

*Allons chercher des herbes
Pour faire une omelette ;
L'omelette est cuite,
Tournons-la, virons-la,
L'omelette est dans le plat.*
Comptine

Les fruits de l'été

Au début de l'été, les fruits sont parfois encore verts mais les chauds mois de juillet et d'août mûrissent les prunes, les pêches, les abricots.

A vos paniers !

l'olive

l'abricot

la prune

le brugnon

la pêche

le citron

la nectarine

le cassis

la groseille

le melon

l'orange

la pastèque

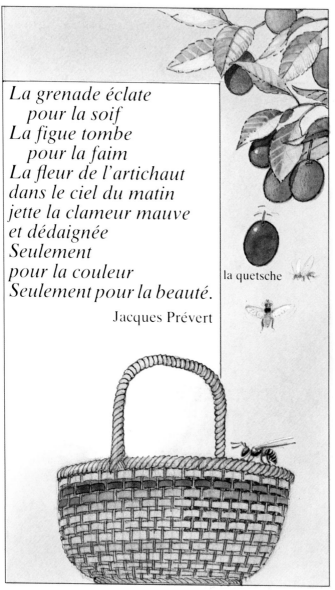

La grenade éclate
    pour la soif
La figue tombe
    pour la faim
La fleur de l'artichaut
dans le ciel du matin
jette la clameur mauve
et dédaignée
Seulement
pour la couleur
Seulement pour la beauté.

Jacques Prévert

la quetsche

Recettes d'été

Confiture d'abricots

Juillet est un bon moment pour faire des confitures d'abricot. Pour dix pots de taille moyenne, dénoyauter cinq kilos d'abricots, ajouter deux kilos et demi de sucre. Dans une casserole à fond épais, laisser cuire le mélange à feu doux pendant une heure environ, en remuant de temps en temps.

Casser deux ou trois noyaux pour prendre l'amande qui se trouve à l'intérieur, et les mettre dans la confiture pendant la cuisson. Les retirer au moment de verser la confiture. Attendre qu'elle soit froide pour fermer les bocaux.

Confiture de prunes

3 kg de prunes
3 kg de sucre
0,3 l d'eau

Laver les prunes et les couper en deux. Les laisser cuire à feu doux avec l'eau, un petit moment.

Ajouter le sucre et remuer un peu pour faire fondre.

Casser quelques noyaux pour en sortir les amandes. Mettre les amandes dans la casserole. Faire bouillir à gros feu pendant trente minutes environ. Retirer les amandes, verser la confiture dans des pots et laisser refroidir avant de les fermer. On peut dessiner de jolies étiquettes pour mettre sur les pots.

Les fraises dans le plat de blanche porcelaine
Gardent la fraîche odeur de l'aube sur la plaine,
Des branches, de la mousse et des sources
glacées.

Tristan Derène

Boisson fraîche

Écraser une banane en purée, mélanger le jus d'une orange pressée et ajouter un peu d'eau. Rafraîchir avec un ou deux glaçons.

Sorbet aux fraises

500 g de fraises
250 g de sucre glace
(ou une cuillerée à soupe)
1 citron

Laver les fraises à l'eau, rapidement. Passer les fraises à la moulinette. Presser le citron et verser le jus dans la purée de fraises. Mettre le sucre glace. Verser le tout dans un moule en métal. Mettre au freezer deux heures. Servir dans des cornets ou des petites coupes.

Le joli prince Limonade,
Bien frisé, vient faire sa cour,
Ses blonds cheveux de marmelade
Ornés de pommes cuit's au four.
Son royal bandeau
De petits gâteaux
Et de raisins secs
Portait au respect.

Chanson populaire

Le fromage

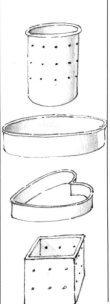

Le mot fromage vient du vieux mot français « formage », car chaque fromage était moulé dans une « forme » particulière : en rond, carré, ovale, en cœur ou en pyramide, en cône, en cylindre... ou en boule. Les fromages sont fabriqués à partir de lait caillé. En été, le lait coagule tout naturellement, mais, habituellement, on le fait cailler en ajoutant de la présure. C'est une substance chimique que l'on trouve dans l'estomac des veaux et qui fait cailler le lait. Pour faire du bon fromage, il faut prendre le lait de plusieurs vaches plutôt que le lait d'une seule, et aussi, de préférence, mélanger le lait de la traite du soir avec celui de la traite du lendemain matin. Une fois que le lait de vache, de chèvre ou de brebis est caillé, fermenté, il subit encore plusieurs opérations avant de devenir fromage.

Il est lavé et frotté avec de l'eau salée, ou parfois du vin, de la bière ou de l'alcool, ce qui lui donne un petit goût particulier. Puis il est égoutté et séché. La dernière opération qu'on appelle l'affinage est la plus importante. Le fromage est placé dans une cave à température et à humidité particulières pour chaque type de fromages. Là, il mûrit et prend, en vieillissant juste ce qu'il faut, son goût le meilleur. Pour un camembert, il suffit de deux à trois semaines, mais un beaufort a besoin de six mois pour être délicieux à souhait. Il existe des variétés infinies de fromages en France peut-être sont-ils trois cents aux formes, couleurs et goûts différents. Certains ont une pâte molle, ou dure, d'autres ont une pâte avec des moisissures.

1. Crottin de Chavignolles
2. Comté
3. Sainte-Maure
4. Fourme d'Ambert
5. Edam
6. Brie
7. Camembert

Les fleurs sauvages
des prés et des champs

On les trouve dans les prés, les herbages, les champs, sur le bord des chemins, dans les sentiers et les fourrés, près des haies ou le long des rivières.

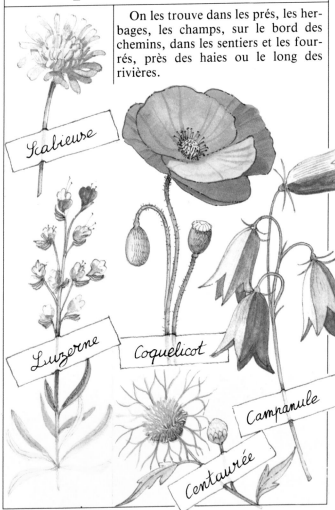

Scabieuse

Luzerne

Coquelicot

Campanule

Centaurée

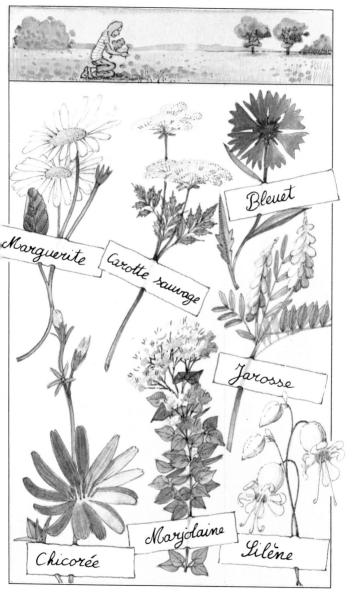

Bleuet

Marguerite

Carotte sauvage

Jarosse

Chicorée

Marjolaine

Silène

Le fourrage

Les prés artificiels fournissent le fourrage qui va être en partie consommé frais par le bétail.

Le reste sera séché dans les champs à la chaleur du soleil et deviendra le foin, mis en bottes pour l'hiver dans la grange.

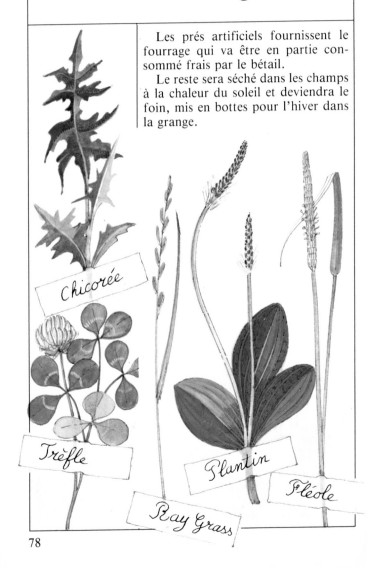

Chicorée

Trèfle

Plantin

Fléole

Ray Grass

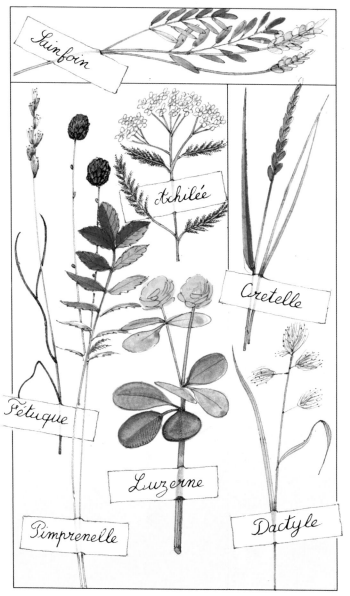

Sainfoin

Achilée

Cretelle

Fétuque

Luzerne

Pimprenelle

Dactyle

Les céréales

Les cultivateurs moissonnent les céréales avant que les pluies de septembre pourrissent leurs grains.

L'avoine (1). Ses épillets se penchent comme un saule pleureur. L'avoine, ou le picotin, était la nourriture préférée du cheval mais elle est aujourd'hui un peu démodée. Dans les pays nordiques où le blé mûrit difficilement, l'avoine est un plat courant. On en fait de délicieux flocons, des bouillies, comme le porridge en Angleterre, et des gâteaux. L'enveloppe du grain, la balle, est si légère qu'on en bourrait autrefois les paillasses.

L'orge (2). Son épi a une longue barbe. Chaque grain est enfermé dans une enveloppe de paille difficile à décortiquer. On en fait des bouillies, de la bière.

Le seigle (3). Ses épis sont barbus et son grain allongé. Autrefois, les paysans le fauchaient très tôt, alors qu'il était encore vert et que son grain était à peine formé, pour en faire du fourrage. Il mûrit sur les terres pauvres dans les régions froides, là où le blé ne donnerait rien. On en fait du pain bis à la mie brunâtre et qui reste plus longtemps frais que le pain de froment.

Le maïs (4). Cette céréale venue d'Amérique a de gros épis aux grains serrés par rangées. En épis ou en farine, il sert de nourriture au bétail. Ses épis grillés se grignotent avec délice et sa farine permet de faire de très bonnes bouillies, comme la *polenta* en Italie.

Le blé (5). Il est appelé aussi froment. Le blé dur est une variété des régions chaudes et sèches, au grain allongé et à la paille pleine de barbes. On l'utilise pour fabriquer le couscous, la semoule et toutes les pâtes. Le blé tendre est celui des régions plus froides. Il a une paille creuse ou semi-pleine. Sa farine blanche donne toutes sortes de pains, de biscuits, de pâtes à tartes ou de gâteaux.

La moisson

Voici le temps des récoltes. Pour les agriculteurs, c'est le résultat d'un long travail aux champs. Autrefois, on coupait les céréales à la faux, puis on les liait en bottes et en meules. Elles séchaient dans les champs avant d'être rapportées à la ferme où les gerbes étaient battues afin de séparer le grain de la tige. La fin des travaux était l'occasion de grandes fêtes et le fermier accrochait au-dessus de la porte de sa maison ou de sa grange la dernière gerbe fauchée jusqu'aux prochaines moissons, comme porte-bonheur.

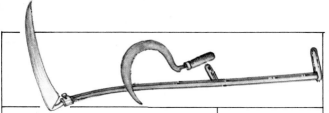

Aujourd'hui, les moissonneuses-batteuses font tout le travail. Elles coupent, battent les gerbes, nettoient les grains et les séparent de leur enveloppe (la balle) puis les stockent dans des réservoirs. Ensuite, des ramasseuses-botteuses coupent la paille et la mettent automatiquement en bottes.

L'été c'est la saison
des taons,
des chevaux
mangés qui
se giflent.
Tout près j'entends
la faux qui siffle.
Je suis sur le blé
mûr et j'attends.

Jean Cuttat

Le petit lexique de l'été

Aoûtat

C'est la larve microscopique et rouge d'une catégorie d'araignées. Elle pique, démange et irrite la peau quand on s'allonge sur l'herbe. Son nom est lié au mois d'août.

Basilic

Les jardiniers se servent du basilic comme anti-moustique. Si vous placez, l'été, une rangée de pots où pousse cette herbe aromatique sur le bord de votre fenêtre, vous pouvez dormir en paix : l'odeur du basilic écartera les moustiques.

Belle de jour

Les fleurs de ce liseron s'ouvrent le jour et se ferment la nuit.

Belle de nuit

Les fleurs de ce mirabilis ne s'ouvrent qu'à la tombée de la nuit.

Bouquets

Ne jetez pas les bouquets de fleurs qui commencent à se faner. Trempez les queues dans l'eau bouillante, et les fleurs retrouveront peu à peu leur fraîcheur. Coupez ensuite la partie de la tige qui a trempé dans l'eau chaude et replacez les fleurs dans un vase d'eau fraîche.

Canicule

C'est d'abord l'autre nom de l'étoile Sirius. Mais c'est aussi, et le plus souvent, le nom que l'on donne à une période de grande chaleur qui va de la fin juillet à la fin août. A ce moment-là, l'étoile Sirius se lève et se couche en même temps que le soleil.

Cérès

Chez les Romains, Cérès était la déesse des fleurs, des fruits et des moissons. Elle avait des cheveux blonds comme les blés. C'est en souvenir de Cérès que nous appelons *céréales* ces plantes à épis que l'été fait mûrir.

Citronnelle

Plusieurs plantes, dont la verveine odorante et la mélisse, portent ce nom car elles renferment une essence qui sent très fort le citron. L'été, l'essence de citronnelle permet de se protéger efficacement contre les moustiques car cette odeur les repousse.

Demoiselle

C'est le nom que l'on donne familièrement aux libellules, certainement pour leur grâce et les belles couleurs qui les habillent.

Éphémères

Le nom de ces insectes vient du grec et signifie « pendant une journée ». En effet, bien que leurs larves subsistent au moins deux ans, ces minuscules libellules, parvenues à l'état adulte, ne vivent que deux jours, l'été, au bord des étangs.

Foliole

Chacune des petites feuilles qui forment une feuille composée comme celle du marronnier, par exemple, s'appelle une foliole. Le trèfle en a trois, et si vous trouvez un trèfle à quatre folioles, ce qui est rare, cela vous portera chance, paraît-il.

Fructidor

Le mois des fruits, dans le calendrier de la Révolution française. Il commençait le 18 août et se terminait le 22 septembre.

Garrigue

Dans les pays méditerranéens au climat sec et chaud, la végétation est amie de la sécheresse. Celle de la garrigue pousse sur un sol calcaire. Si les arbres, comme les chênes verts, n'y sont jamais très grands, les buissons de romarin, de bruyère, de thym, sont en revanche très touffus.

Herbe de la Saint-Jean

C'est l'armoise, qui fleurit en août-septembre, au bord des chemins, le long des haies et sur les murs. Autrefois, dans les campagnes, les gens se couronnaient de branches d'armoise, le soir de la Saint-Jean, et en attachaient à leur ceinture pour se protéger des maladies et des mauvais sorts.

Ivraie

Cette graminée pousse dans les champs de céréales et gêne leur croissance. L'expression « séparer le bon grain de l'ivraie » signifie séparer les bons des méchants.

Javelles

Autrefois, quand on moissonnait à la main, on faisait des brassées d'épis que l'on posait sur le champ tous les quatre ou cinq pas pour pouvoir continuer à travailler les mains libres. Les brassées, appelées javelles, étaient recueillies toutes ensembles au moment de la récolte.

Kéfir

C'est en faisant fermenter du petit lait de chèvre ou de vache qu'on obtient le kéfir, boisson gazeuse et acidulée.

Luciole

Ce petit insecte brille la nuit, comme le ver luisant avec lequel on le confond souvent. Pour les distinguer, ce n'est pas difficile : la luciole vole, l'autre rampe.

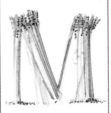

Maquis

Dans les régions méditerranéennes, c'est un paysage composé de petits arbustes et de taillis très touffus, pratiquement impénétrables.

Messidor

Dans le calendrier de la Révolution française, Messidor est le mois des moissons. Il commençait le 19 juin et se terminait le 19 juillet.

Midi

En été, c'est l'heure la plus chaude de la journée car le soleil est alors au zénith, juste au-dessus de nos têtes.

Mirabelle

Cette variété de prune pousse très bien en Lorraine. Son nom vient d'une herbe odorante qui s'appelle la mirabellis. Ses fleurs jaunes ne s'ouvrent que la nuit.

Noces

Vous avez bien sûr entendu parler des noces d'argent que l'on fête après 25 ans de mariage, ou des noces d'or, après 50 ans. Mais connaissez-vous les noces de coton (1 an), de froment (3 ans), de coquelicot (8 ans), de muguet (13 ans), de rose (17 ans), d'acajou (27 ans), de lavande (46 ans), de cèdre (49 ans) et de chêne (80 ans !) ?

Olives

Entre les olives vertes et les olives noires, il n'y a qu'une question de maturité. Les premières sont cueillies vertes à la fin de l'été et conservées dans la saumure. Les secondes sont récoltées à l'automne, quand elles sont bien mûres, puis piquées, salées et conservées dans l'huile.

Prunes

En 1148, quelques Croisés, venant de Damas, arrivent à Agen dans le sud-ouest de la France. Cette croisade a été un échec, comme les précédentes. Pour se consoler, ils rapportent avec eux un arbre fruitier découvert là-bas, et le plante pour avoir des prunes dans leur propre pays. C'est de cette défaite des Croisés devant la ville de Damas que vient l'expression : « Y être allés pour des prunes. »

Queue de renard

Cette fleur s'appelle aussi « blé de vache ». Elle fleurit dans les bois, de mai à septembre. Les fourmis sont très friandes de son fruit.

Rat des moissons

Ce petit rongeur construit son nid d'été dans les champs cultivés où il trouve sa nourriture. Il est si minuscule et si léger qu'il grimpe tout en haut des épis de blé pour y grignoter ses grains. Son nid, tissé d'herbe, n'est pas plus gros qu'un œuf d'oie.

Reine-Claude

Lorsque François Ier est allé livrer bataille à Marignan en 1515, il a découvert une espèce de prune jaune verte que les Français ignoraient. Il en rapporta quelques-unes pour les faire goûter à sa femme, Claude de France. Elle les trouva si bonnes qu'on baptisa cette variété de prunes la Reine-Claude, en son honneur.

Saint Fiacre

C'est le patron des jardiniers. Ce moine hollandais est venu en France au VIIe siècle pour défricher la Brie qui était alors recouverte de forêts. Saint Fiacre a bien réussi ! Aujourd'hui, quand on traverse la Brie, on aperçoit d'immenses champs de maïs et de betteraves, à perte de vue. La Saint-Fiacre se fête le 30 août.

Thermidor
C'est le mois de la chaleur dans le calendrier de la Révolution française. Il commençait le 19 juillet et se terminait le 18 août.

Ultraviolet
C'est grâce aux rayons ultraviolets du soleil que vous pouvez brunir l'été sur les plages.

Urticaire
Éruption sur la peau qui apparaît chez certaines personnes lorsqu'elles mangent trop de fraises.

Vacances
Période de fermeture des écoles : les classes sont alors laissées vacantes.

Whisky
Cette eau de vie est fabriquée dans les îles Britanniques et en Amérique du Nord avec des grains de seigle, d'orge ou d'avoine.

Xylophage
Les insectes xylophages sont très friands de bois qu'ils percent de milliers de petits trous.

Yeuse
C'est l'autre nom du chêne vert qui pousse dans les pays méditerranéens.

Zénith
Le zénith est le point du ciel situé à la verticale du lieu où l'on se trouve. Le soleil est au zénith à midi. On peut dire aussi d'une personne qu'elle est « au zénith de sa gloire » (au point culminant).

Biographies

Après avoir enseigné l'histoire et la géographie pendant quelques années, **Laurence Ottenheimer** a abandonné l'estrade de professeur pour travailler dans un journal pour enfants. A présent, elle s'occupe de collections de livres d'enfants aux Éditions Buissonnières.

En écrivant le livre de chacune des saisons, elle a parfois trouvé difficile de séparer l'année en quatre épisodes distincts, tant peut être floue la limite entre les saisons : le printemps faisant parfois irruption au cœur de l'hiver, ou l'été, certaines années, cédant à contrecœur la place à l'automne.

Ces quatre petits livres représentent l'année idéale qu'une citadine aimerait bien passer à la campagne.

Jean Claverie enseigne l'illustration aux Beaux-Arts de Lyon. Lorsqu'il rentre dans son village, il dessine encore : « Je cours, dit-il, après des images qui m'auraient plu quand j'étais petit. Malheureusement, comme au réveil d'un rêve très riche, je ne sais plus très bien comment tout se passait alors. Aussi je donnerais pas mal de choses pour me rencontrer moi-même enfant. »

Table des poèmes

4. Victor Hugo, « L'été c'est la saison »... (extrait, *Dieu est toujours là*). **6.** Georges Riguet, Chanson de la Saint-Jean d'été (*Les Chansons de l'Ouche-Fontaine,* Éd. du Cep Beaujolais). **8.** Alain Bosquet, « Juin pour dire »... (extrait, *La Nouvelle Guirlande de Julie,* Éd. Ouvrières, 1976). **10.** Alain Bosquet, « Juillet pour dire »... (extrait, *La Nouvelle Guirlande de Julie,* Éd. Ouvrières, 1976). **11.** Bernard Lorraine, « Traître juillet »... (Comptine des mois, extrait, *La Poésie comme elle s'écrit,* Éd. Ouvrières, 1979). **12.** Robert-Lucien Geeraert, « Et juillet ! »... (extrait, *Des mots nature,* Unimuse, Tournai, 1980). Robert-Lucien Geeraert, « On est tous aux cent coups ! »... (« Le soleil est fou », extrait, *Des mots nature,* Unimuse, Tournai, 1980). **14.** Alain Bosquet, « Août pour dire »... (extrait, *La Nouvelle Guirlande de Julie,* Éd. Ouvrières, 1976). Robert-Lucien Geeraert, « Et août ! »... (*Des mots nature,* Unimuse, Tournai, 1980). **16.** Robert-Lucien Geeraert, « Et septembre ! »... (*Des mots nature,* Unimuse, Tournai, 1980). **17.** Alain Bosquet, « Septembre pour dire »... (extrait, *La Nouvelle Guirlande de Julie,* Éd. Ouvrières, 1976). René Guy Cadou, « Odeurs des pluies de mon enfance »... (« Automne », extrait, Les amis d'enfance, 1965. *Hélène ou le règne végétal,* Éd. posthumes, Éd. Seghers, 1973). **21.** Louis Guillaume « Soir ». **23.** Leconte de Lisle (« La chute des étoiles » (extrait, recueil). **24.** Georges Duhamel, « Sous un figuier »... (*Tous poèmes,* Mercure de France). **25.** Edmond Rostand, Hymne au soleil, (*Chantecler,* Éd. Grasset Fasquelle). **26 et 27.** Jean Cocteau, « Soleil »... (extrait, *Poésie 1916-1923,* Gallimard, 1925). **28.** Pierre Albert-Birot, « Il y avait de beaux dessins »... (*Pin Pon d'Or,* Éd. Colin-Bourrelier). **29.** Vincent Muselli, « C'est ainsi, chaque jour »... (Stance V, extrait, *Les Travaux et les Jours,* Jean Bergue, 1914. Points et Contrepoints, 1957). **30.** Victor Hugo, « Dans la plaine »... (extrait, *Le Pas d'arme du roi Jean*). **33.** Victor Hugo, « Il n'y avait pas un être vivant »... (« Un orage », extrait, *Le Rhin*). **34.** Alain Borne, « Le soleil »... (extrait, *Les Complaintes,* Éd. Saint-Germain-des-Prés, 1975). **35.** Alain Borne, « Et le soleil »... (extrait, *Les Complaintes,* Ed. Saint-Germain-des-Prés, 1975). **37.** Paul Éluard, « Chaque arbre d'ombre et de reflets »... (extrait, *Œuvres complètes,* Éd. Gallimard). **38.** Émile Verhaeren,

« Autour de ma maison » (extrait, *La Multiple Splendeur,* Éd. Mercure de France). **42.** Maurice Maeterlinck, « Normalement, on a jamais vu »... (extrait, « Épilogue », *La Vie des fourmis,* Éd. Grasset Fasquelle, 1930). **43.** Robert Desnos, « Une fourmi de dix-huit mètres »... (extrait, *Chantefables et Chantefleurs,* Gründ Ed., 1944). **44.** Luc Decaunes, « Dans les prés »... (extrait, *Le Petit Enfant et la Poésie,* Poésie 1, juillet-août 1979, Le Cherche-Midi Éd). **45.** Jules Renard « Le ver luisant »... (extrait, *Poèmes de partout et de toujours,* Armand Colin, 1978). Robert Desnos, « Ver luisant »... (« Le ver luisant », *Chantefables et Chantefleurs,* Gründ Éd., 1944). **47.** Robert Desnos, « Lézard des rochers »... (« Le lézard », *Chantefables et Chantefleurs,* Gründ Éd., 1944). **48.** Jacques Canut « Libellule »... (*Enfantaisies,* Éd. Saint-Germain-des-Prés, 1978). **51.** Lise Deharme, « Pêcheur qui dort »... (« Le Pêcheur au soleil », extrait, *Cahiers de curieuse personne).* **59.** Bernard Lorraine, « Ces conquérants d'ailleurs »... (« Oiseaux », extrait, *La Poésie comme elle s'écrit,* Éd. Ouvrières, 1979). **62.** M. Adolphe Guégan, « Hirondelle »... (« L'hirondelle », *Trois petits tours et puis s'en vont,* Éd. Messein). **63.** Pierre Menanteau, Le premier vol de l'hirondelle, (*A l'école du buisson,* Éd. Saint-Germain-des-Près, 1971). **64.** Clod' Aria, Matin d'été, (*La Machine à battre,* Nicolas Imbert Éd., 1974). **68.** Geoges Schehadé, « Le jardin se chausse »... (*L'Écolier sultan,* Éd. Gallimard, 1973). **71.** Jacques Prévert, « La grenade éclate »... (*Poésies,* Éd. Gallimard). **73.** Tristan Derême, « Les fraises dans le plat »... (extrait, *La Verdure dorée,* Éd. Émile-Paul, 1925). **83.** Jean Cuttat, « L'été c'est la saison des taons »... (« D'un été », extrait, *Feu profond,* Bertil Galland, Lausanne, 1972).